LABOUREURS

ET

DÉPUTÉS

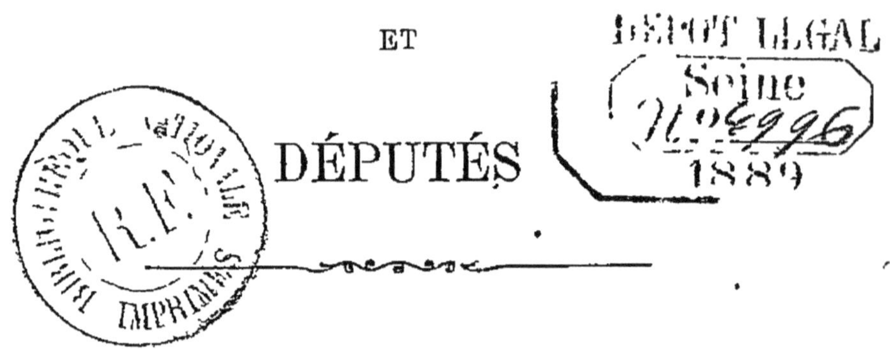

PAS DE POLITIQUE — LES AFFAIRES

Ne faisons pas de politique ; mais causons affaires et voyons où nous en sommes.

Les idées des hommes dits de *progrès* ont été appliquées à toutes choses ; voyons les résultats et jugeons où ils nous ont menés.

Après ce tableau, notre conclusion indiquera à la fin de cette brochure qu'il y a un remède très différent de ceux qui n'ont fait qu'aggraver la maladie sociale.

Une poignée de vérités

Combien la France compte-t-elle d'habitants? 38 millions.

Combien y a-t-il de cultivateurs? — Près de 20 millions, à peu près les deux tiers de la population totale.

Quels sont ceux qui travaillent le plus? — Les cultivateurs.

Quels sont ceux qui fournissent le plus de soldats à la patrie? — Les cultivateurs.

Quels sont ceux qui nourrissent les autres? — Les cultivateurs.

Quels sont les citoyens les plus paisibles, les mieux soumis aux lois? — Encore les cultivateurs.

Quels sont ceux qui souffrent le plus des mauvaises saisons, du mauvais temps? — Toujours les cultivateurs.

Les cultivateurs forment donc la classe la plus nombreuse et la plus utile du pays.

Et cependant:

Quels sont ceux que l'on impose le plus? — Les cultivateurs.

Quels sont ceux que l'on trompe le plus? — Les cultivateurs.

Quels sont ceux dont on s'occupe le moins à soulager la misère? — Les cultivateurs.

On s'occupe d'augmenter le nombre et le traitement des députés et des fonctionnaires.

Les industriels et les commerçants s'efforcent de conjurer la crise qui les menace; ils demandent aide et protection aux lois.

Les ouvriers des villes, des usines, se disputent sur ce qu'on appelle la question sociale. Certes, ils ont raison de vouloir diminuer leur misère : ils sont aussi mal partagés que nous, plus mal même; mais au moins on s'en occupe.

Ils savent faire parler d'eux.

Ont-ils du travail? Sont-ils bien payés? N'ont-ils pas de travail? Sont-ils mal payés? Ils s'agitent, souvent à tort et à travers, ils agissent, font valoir leurs droits, nomment des députés, font interpeller les ministres.

Et nous, cultivateurs, que sommes-nous? — Rien.

Pour combien devrions-nous compter? — Pour les deux tiers, puisque nous sommes les deux tiers de la population totale.

Malheureusement, nous ne savons pas nous faire respecter, le gouvernement sait bien que ce n'est pas nous qui faisons les revolutions.

Au lieu de nous unir dans la défense de nos intérêts communs, nous nous divisons, nous nous livrons à nos ennemis.

Cultivateur, lève-toi à 3 ou 4 heures du matin; couche-toi à 9 ou 10 heures du soir; en avant la charrue ! en avant la bêche ! en avant la pioche ! en avant le fouet ! la faux ! Tu as bon bras, bon cœur, beau soleil, grand air ; chante ! Tu chantais autrefois. On a toujours vanté le bonheur du laboureur, sa gaîté et ses plaisirs rustiques.

Oui, nous serions heureux si nous gagnions notre vie : nous serions heureux, car nous aimons nos femmes et nos enfants ; ils nous aident dans nos labeurs ; ils se réjouissent avec nous, pleurent avec nous.

Comment être content aujourd'hui ?

Le travail nous use et ne produit plus notre vie.

Les 20 millions de cultivateurs souffrent, travaillent désormais au-delà de leurs forces et se ruinent.

La situation

Envisageons froidement la situation. Assez longtemps, on nous a déguisé la vérité sous un tas de phrases sonores.

Ennemis du dedans et du dehors nous ont joués. Ils nous amusaient par leurs journaux, par leurs proclamations ronflantes, leurs compliments intéressés, et bêtement, nous sommes tombés dans leurs filets.

Il s'agit d'en sortir ; c'est temps, tout le monde en convient.

Les charges budgétaires nous écrasent, et ce déficit annuel se changera bientôt en banqueroute.

La fortune des particuliers est gravement compromise : des communes, des régions entières sont grevées d'hypothèques, et les malheureux propriétaires se débattent péniblement, pour échapper à la ruine.

Une multitude d'ouvriers sans travail assuré, dépourvus de tout autre moyen d'existence que leurs coudes, se livrent à des pensées et des actes qui ne conviennent qu'aux désespérés.

Les patrons ne savent où donner de la tête et les maisons croulent.

Que devient notre argent? Qu'est devenue la fortune de la France? Elle s'écoule à l'étranger et dans la poche de financiers cosmopolites.

Qu'arriverait-il, si la guerre venait à éclater, chose fort possible?...

Notre régime économique est détestable; tous finissent par être d'accord sur ce point. Du Nord au Midi, le même cri s'élève : *Soyons maîtres chez nous ! plus de traités de commerce !*

C'est qu'en effet, les conditions économiques ont complètement changé. Grâce à ces détestables traités de commerce, nous avons enrichi nos rivaux à nos dépens. En ce moment, les pays, qui naguère avaient besoin de nos produits, nous inondent des leurs.

Le mot d'ordre des peuples est : chacun pour soi ! et c'est à qui profitera de la maladresse de nos gouvernants pour nous piller ; nos ennemis cherchent une occasion pour nous donner le coup de grâce.

Nous sommes, au point de vue financier, à la merci de quelques milliardaires juifs sans patrie.

En un mot, la situation de la France est critique.

La maladie de l'argent

L'*Argent !* tout le monde en veut, et on ne veut que cela.

Autrefois, le travailleur vivait chez lui des fruits de son travail.

Le champ du laboureur lui fournissait à peu près le vivre et le vêtement pour lui et sa famille.

Il s'en contentait ; il n'avait pas besoin d'avoir sans cesse la monnaie à la main.

Aujourd'hui, on a tout commercialisé ; les produits de nos terres nous glissent entre les mains ; vite, il faut les convertir en pièces d'or ou d'argent ou en papier monnayé.

La fortune n'est plus stable ; elle est complètement mobilisée.

Désormais, il n'y a place au soleil que pour les hommes d'argent ; les fonctionnaires à gros traitements, les politiciens, les agioteurs : c'est le progrès.

Eh bien ! à force de remuer l'argent ; l'argent se fond et disparaît ; bientôt, il n'y en aura plus ou presque plus en France.

Le commerce

Depuis 1877, c'est-à-dire depuis que les catholiques ont été remplacés par les radicaux à la tête des affaires, le chiffre du mouvement commercial entre la France et l'Étranger a diminué d'un milliard environ.

La différence entre les importations et les exportations est de 1 milliard en moyenne, en faveur des importations. On avoue, pour 1888, plus de 800 millions et, une année, la différence a été de plus de 1 500 millions.

C'est-à-dire que, sur notre commerce extérieur, nous sommes en perte d'un milliard chaque année ; nous donnons plus de 4 milliards aux étrangers et nous en recevons un peu plus de trois ; quand nous leur donnons 400 francs, ils nous en rendent 300. De ce train-là, il est évident que nous courons à la ruine.

Les impôts

Les impôts, depuis 1877, ont augmenté de plus d'un milliard ; nous payons aujourd'hui plus de 4 milliards par an.

En 1869, le budget n'atteignait pas 2 milliards ;

En 1876, après la guerre, il était de 3 milliards ;

En 1883, de 3 milliards 500 millions ;

Or le revenu total de la France est tombé de 20 milliards à 8 milliards. Autrefois, le contribuable payait donc 3 francs sur 20 francs de revenus ; aujourd'hui il paye 4 francs sur 8 ; autrefois il donnait moins du 6me de son revenu, aujourd'hui il en paye la moitié. Et c'est avec l'autre moitié que le contribuable doit vivre, lui et sa famille, et faire marcher ses affaires.

En dehors des impôts de l'État se trouvent ceux des départements et des communes.

Les communes et les départements ont tellement augmenté leurs dépenses, que les taxes qui pèsent sur nous de ce chef sont absolument exorbitantes ; nombre de petites communes payent plus de 100 centimes additionnels. Or, les centimes additionnels pèsent exclusivement sur les contributions directes, c'est-à-dire surtout, sur la masse des laboureurs.

Le déficit

Malgré les impôts qui nous écrasent, le budget de l'état se solde par un déficit énorme.

Voici une statistique établissant que, depuis douze ans, nos maîtres ont tout dilapidé, jusqu'aux ressources confiées en dépôt, jusqu'à l'argent des petits et des malheureux.

Ce sont des chiffres officiels.

Deficit annuel.

650 millions.

Deficit accumule depuis 12 ans.

8 milliards.

Impôts annuels par tête.

111 francs.

Budget annuel.

4 milliards.

Dette de la France.

38 milliards.

Impôt de la terre.

33 0/0 de son revenu.

Dettes des communes.

2 milliards.

Sous la *republique conservatrice*, on constate que l'impôt annuel, par tête, était de 83 francs. Sous la république opportuniste, il est de

111 francs. C'est donc 27 francs de plus que le régime de Ferry coûte à chaque Français.

Comme le disait un député républicain, M. Amagat, la « république opportuniste aura plus coûté à la France que la guerre de M. de Bismarck. »

Il n'y a point de déficit dans tous les pàys où les catholiques ont la direction des affaires; par exemple, en Belgique, à l'Équateur, dans le canton du Tessin. Voici une des causes du déficit : les fonctionnaires civils coûtent annuellement au Trésor 150 millions de plus que sous l'empire.

Résultats des lois scolaires

Un journal républicain et universitaire, le *Journal des Debats*, signale l'effrayante progression des dépenses de l'enseignement laïque à l'occasion du projet de loi sur le *traitement des instituteurs*, que le Parlement a voté récemment :

« *Chacun de nos chiffres*, dit le rédacteur du *Journal des Debats, résulte des documents officiels* publiés par l'administration elle-même. Il est vrai que *celle-ci n'a pas tout publie*, et qu'elle ne l'a fait que pour les besoins de la cause qu'elle soutient aujourd'hui. »

L'augmentation de la dépense provenant de la loi nouvelle est de. . . .   37.344.721 fr.

L'augmentation provenant des lois antérieures est de. .   65.902.802 »

Le total des augmentations prévues résultant de ces lois est de. . . . .   103.247.523 »

Ainsi, c'est une augmentation de plus de CENT MILLIONS qui va être encore imposée aux contribuables pour l'entretien des écoles sans Dieu.

Ces écoles coûtent déjà. .   181.832.847 »

Le service de l'instruction primaire laïque exigera donc, dans un avenir prochain. . .   285.080.370 »

Près de TROIS CENTS MILLIONS !

Electeurs, méditez ce chiffre. On va prendre dans vos poches TROIS CENTS MILLIONS D'IMPOTS pour vous *obliger* à envoyer vos enfants dans des écoles où il est interdit de leur parler de Dieu et de la religion.

L'impôt et les pauvres

On dit que l'impôt ne pèse guère que sur les riches ; que les pauvres ayant peu de biens, c'est très peu sensible ce qu'ils donnent.

Croyez-vous donner peu de chose par les impôts indirects? Tout ce que nous achetons, tout ce que nous consommons, tout est imposé; au lieu de payer une chose dix sous, avec les impôts nous la payons douze, quinze et vingt.

Qu'on vienne nous parler de la dîme!

Autant d'argent les riches donnent aux impôts, à l'État, autant de moins, ils en donnent aux travailleurs, ouvriers, commerçants. C'est bien simple à comprendre.

Les riches n'ont l'habitude de dépenser qu'une certaine somme par année : ils sont réglés. S'ils sont obligés de donner 100 fr., 1 000 fr. de plus au percepteur, ils font pour 100 ou 1 000 fr. de moins de dépenses. De plus, la crainte d'une catastrophe probable fait qu'ils économisent et retirent leur argent.

Il n'y a pas besoin d'être riche pour agir ainsi. Tenez : Quelqu'un que je connais bien payait 60 francs d'impôt direct, il y a quinze ans, pour un bien qui lui rapporte au plus 800 francs. Aujourd'hui, il en paie 80, soit 20 francs de plus. « Avec ces 20 francs, dit-il bien souvent, je ferais faire 7 bonnes journées; 7 bonnes journées à ma vigne feraient 20 francs dans la poche du brave ouvrier un tel, et moi j'aurais 50, 60, 80 ou 100 litres de vin de plus. »

Conséquences :

Ces 20 francs vont dans la poche des rentiers

et des fonctionnaires au lieu d'aller dans celle de l'ouvrier, et le cultivateur qui les donne perd de 20 à 50 francs sur sa récolte.

Voilà comment les impôts pèsent surtout sur les travailleurs.

Autant d'argent donné à l'Etat, autant d'enlevé à l'ouvrier.

Sachons qu'il n'y a pas une nation qui soit si endettée que la France. Songeons que cette dette augmente tous les jours, grâce au gaspillage de nos gouvernants.

Au lieu d'avouer la situation critique du pays, situation qui n'est due qu'à la scélératesse d'un certain nombre d'entre eux et à l'incurie des autres, les députés de la majorité ont tout fait pour la dissimuler.

Quand des représentants catholiques comme MM. de Mun, d'Aillières, Daynaud, Buffet, Chesnelong, Fresneau; leur reprochaient de nous conduire à la ruine, ils riaient et se moquaient. Ils voyaient le gouffre béant de la banqueroute, la ruine imminente du peuple français, et ils continuaient à voter des dépenses et à vanter les bienfaits de leur gouvernement. Ils ont tenu une conduite d'insensés ou de criminels.

Il faudra augmenter les impôts, ou bien c'est la banqueroute, la ruine, le démembrement de la France !

Nos députés rouges ne s'en moquent pas mal. Ils disent seulement : soyons renommés, et puis nous tripoterons encore nos petites affaires. Cela durera peut-être encore quelques mois, une fois notre gousset bien garni, si la baraque craque, nous filerons... à Saint-Sébastien ou ailleurs.

Députés à Mandrin

J'appelle députés à Mandrin, ceux qui cherchent à embrouiller tellement les affaires de la France, que personne d'honnête n'ose prendre leur place : alors, pensent-ils, il faudra bien qu'on nous y laisse. Ils y resteront comme les sangsues, et quand la France ne sera plus qu'un cadavre, ils y resteront peut-être encore comme les corbeaux et les... Voici sur quoi ils comptent pour rendre tout gouvernement honnête impossible.

Quand ils ont vu que leur temps était compté, que la débâcle commençait, ils ont cherché à détruire tellement l'équilibre du budget, que leurs successeurs fussent obligés de déclarer la banqueroute ou d'établir des impôts écrasants.

Quel est le gouvernement honnête qui voudrait se charger de cette responsabilité ? Ils y comptent pourtant nos députés à Mandrin ; ils comptent profiter de l'odieux de ces mesures qu'ils auront eux-mêmes rendues nécessaires. Ils crieront alors aussi fort que possible pour attraper les badauds :

« Ah ! si c'était nous, tout irait bien ! »

Ah, oui ! comme tout va bien avec ces gens-là ! Pensez-vous, laboureurs, qu'il n'est pas urgent de changer nos maîtres, de mettre à la porte nos députés à Mandrin ?

Notre conduite est donc toute tracée ; il faut absolument les remplacer par des catholiques.

La Juiverie

Tout le monde sait que les Juifs tiennent chez nous la clef des affaires ; ils ne sont que 54 000 sur 37 millions de catholiques ; néanmoins, ils occupent tous les emplois (on dit qu'il y a 42 préfets juifs). Ils sont à la tête du commerce, de l'administration et de la finance surtout.

Les Rotschild possèdent aujourd'hui une fortune colossale. Ils n'avaient cependant que 10 millions quand ils sont arrivés en France. Aujourd'hui, ils gouvernent le monde ; rien ne se fait sans eux, ils sont les rois de la finance ; on courbe l'échine devant ces grands monarques.

— Sait-on que le Juif se sert du Français

pour le dépouiller et se moquer de lui ensuite?

Le baron de Hirsch disait dédaigneusement l'année dernière : « J'ai tant gagné avec ces bêtes et ces lâches de Français, que je donne *cent millions* aux établissements charitables israelites d'Allemagne, de Galicie et de Roumanie. »

— Savez-vous combien la maison Rotschild a gagné en une semaine, au moment de l'emprunt de cinq milliards pour la libération du territoire?

La bagatelle de *450 millions*. Ils n'ont pas été bien fatigués pour bénéficier de cette somme.

Au moment de l'emprunt de Honduras, pays aride de l'Amérique centrale, sur 187 millions d'emprunt, les Juifs Bichoffsheim, Scheyer et Dreyfus ont mis 140 millions dans leur poche. Cet argent représente bien des sueurs du pauvre peuple qui ignore toujours la manière dont on l'exploite.

— Vous connaissez la triste fin de l'*Union générale*, le krach de Panama et de l'usine Cail, etc. Eh bien! si vous désirez savoir la vérité, cherchez le Juif...

— Mlle Hélène de Rothschild a eu en se mariant *372 millions*. C'est beaucoup pour un jeune ménage, quand il y a tant de gens qui meurent de faim.

— La baronne James de Rotschild a laissé en mourant *six cents millions*, rien qu'en valeurs françaises.

Et on ose dire que l'argent est rare, difficile à trouver !

Amis, les Juifs nous mènent et nous ruinent ; il s'agit de savoir si leur influence sera aussi grande l'année prochaine et si la France, livrée à leur rapacité, sera encore la première des nations.

C'est ce que les élections nous apprendront.

La fortune de la France

On a calculé que la valeur de la France, tout compris, était, il y a quelques années, de 150 milliards ; aujourd'hui, elle a baissé de 40 milliards ; mais, ce qui est certain, c'est que les Juifs en possèdent déjà la bonne moitié.

Ils poussent le gouvernement, les départements, les communes à faire de folles dépenses et des emprunts ; ils commencent par encaisser 10 0/0 a l'émission ; ainsi, sur un emprunt de 100 millions, il y a toujours au moins 10 millions pour les lanceurs de l'affaire, ensuite la spéculation et les jeux de bourse font le reste, il suffit de quelques mois pour que toute la créance passe entre leurs mains.

En France, nous ne sommes que les fermiers des financiers juifs.

L'un d'eux, Stern, disait récemment : « Je ne sais pas comment les Français feront pour vivre dans dix ans. »

Liquidation de la propriété rurale

En effet, partout on ne voit que propriétés à vendre, que laboureurs ruinés.

Les statistiques officielles du ministère des finances permettent d'apprécier mathematiquement l'étendue des maux que supporte l'agriculture. Chaque année, on nous donne des renseignements précis sur le nombre des ventes de terre et sur l'étendue des surfaces aliénées. Ces chiffres, en les comparant les uns avec les autres, permettent de se rendre un compte exact de l'influence de la crise agricole.

Ils n'étonneront personne.

On sait combien les dettes hypothécaires ont augmenté ces dernières années.

Pendant quelque temps nous avons vécu de nos économies.

Avant 1870 nous avions traversé une période extrêmement prospère, c'est incontestable. Mais depuis, c'est bien changé.

Ventes de terres

Années	Nombre des ventes	Surface des terres vendues Hectares
1880	1 687 109	1 876 837
1881	1 056 454	1 852 382
1882	1 057 684	1 879 303
1883	1 073 601	1 949 460
1884	1 073 855	1 908 888
1885	1 081 469	2 052 227
1886	1 094 143	2 027 182
1887	1 124 232	2 170 675
	8 658 546	15 716 954

On voit, par ce tableau attristant. l'augmentation progressive du nombre des ventes et l'importance croissante de ces ventes. Il se fait une sorte de liquidation graduelle de la propriété rurale. En huit ans, le tiers de la superficie cultivée, 15 716 000 hectares, a changé de mains, mais à quel prix? Voilà ce ce qu'il serait intéressant de savoir très exactement. On peut, sans craindre de se tromper, affirmer que ces ventes ont été faites, avec une perte de 50 0/0 au moins, sur la valeur que ces terres avaient en 1875. Chaque année, le mal s'aggrave dans d'affligeantes proportions. Le gouvernement ne s'en préoccupe guère, il a aujourd'hui d'autres soucis.

Pauvres laboureurs, auxquels nos gouvernants libres-penseurs promettaient monts et merveilles !

LES LABOUREURS

Puissants du jour, orateurs, journalistes, avocats, économistes, banquiers, professeurs, connaissez-vous l'homme des champs ? Vous intéressez-vous à ses labeurs ?

Oh oui ! On connaît assez les habitants des campagnes, et voici à quel point de vue.

L'administration en connaît le nombre, surtout le nombre des jeunes gens de 20 ans, car dans quelques mois, il faut en faire des soldats.

L'administration des Finances connaît le revenu des terres ; elle se trompe rarement en moins ; c'est qu'il y a de nouveaux impôts à établir.

Les Financiers y cherchent des placements sûrs ; le paysan ne connaît pas le chemin de la Suisse et de la Belgique, et son champ ne bouge pas.

Les Économistes ont calculé la force productive de cette machine qu'on appelle l'homme, de cette mine qu'on appelle sol arable.

Les ingénieurs, industriels, entrepreneurs trouvent à la campagne des travailleurs à bon marché.

Les politiciens calculent le nombre des électeurs et les moyens d'en séduire le plus grand nombre possible, afin de s'en faire un marchepied pour arriver aux grandeurs et à la fortune.

En un mot, les cultivateurs forment une classe exploitée par les autres, et, disons-le hardiment, méprisée. *Ces ruraux !* disent nos révolutionnaires. Plus que jamais nous sommes taillables et corvéables à merci.

Pourtant nous commençons à avoir conscience de notre bon droit et de notre force.

Il y a une vérité qui se fait jour parmi nous, la voici :

Il faut que l'agriculture redevienne prospère pour que l'industrie et le commerce le redeviennent aussi.

On cherche des débouchés pour la production nationale, on se plaint que l'industrie étrangère écrase l'industrie française. En un mot, il n'y a pas assez d'acheteurs.

Eh bien ! faites en sorte que nos 20 millions de cultivateurs soient à l'aise, et ils achèteront.

Protégez l'agriculture, et les cultivateurs enrichiront les commerçants et les industriels français.

Les charges de l'agriculture

Non seulement l'agriculture paie sa quote-part des impôts indirects, si lourds, si variés, qui forment la principale ressource de nos budgets, mais il en est d'autres qu'elle supporte à peu près inclusivement. Ainsi, les budgets communaux et départementaux ne sont guère alimentés que par les centimes additionnels au principal de la contribution foncière, et les quatre cinquièmes de celle-ci reposent sur l'immeuble de culture. Or, dans ces dernières années, les communes et les départements ont démesurément augmenté les dépenses. La plupart des communes ont recours aux centimes additionnels, et cela sans aucun souci de ménager la bourse du contribuable.

Les centimes additionnels s'élevaient, dans toute la France, à 100 millions à la chute de l'Empire, d'après l'officiel ; en 1882, ils figuraient pour 157 millions, soit une augmentation de 60 0/0. En 1882, 3 248 communes imposaient aux contribuables une charge supérieure à 100 centimes. Quant aux emprunts communaux, on ne les compte plus ; le total de ceux qui ont été contractés de 1868 à 1880 s'élève à plus de 340 millions de francs. Depuis, on peut bien dire que la porportion a doublé.

Voici, en quelques lignes, quelles sont les charges de l'agriculture, sans compter les impôts indirects :

Impôt foncier, centimes additionnels, prestations, impôts sur les chevaux et voitures, cote mobilière, droits d'échange et de mutation, total, environ 700 000 000 de fr. Le revenu de la propriété foncière étant évalué à 2 750 millions, les charges du producteur agricole s'élèvent, de ce fait seulement, de 25 à 27 0/0 du revenu, et nous ne comptons pas tout dans ce rapide examen.

Ce que l'État rend à l'agriculture

On vient de voir que l'agriculture fournit à l'État plus de 700 millions ; savez-vous combien l'État donne à l'agriculture ?

— A peu près 40 millions.

Et sur ces millions, il y a plus de 16 millions pour le service des forêts, 6 millions pour les études et travaux relatifs à l'aménagement des eaux, environ 2 millions pour travaux d'irrigation, de dessèchement et diverses entreprises d'amélioration agricole ; 620 000 francs pour travaux hydrauliques en Algérie ; près de 8 millions pour les haras, plus de 2 millions pour l'enseignement agricole ; les écoles de vétérinaires, les encouragements à l'agriculture, la lutte contre le phylloxera, les bergeries, vacheries, l'inspection de l'agriculture et de la sériciculture, l'administration centrale se partagent les derniers 4 ou 5 millions.

La sollicitude gouvernementale pour l'agriculture se chiffre donc par 40 millions de francs, dont la bonne part va entre les mains des fonctionnaires, employés, etc. C'est assez maigre sur un budget de quatre milliards. Que voulez-vous, nos ministres et députés déclarent désormais que la caisse est vide.

L'agriculture et les lois

La république opportuno-radicale a réformé la magistrature ; on a chassé de leurs sièges d'honorables magistrats ; on en a casé d'autres, dans la pensée qu'ils rendraient des services et non des arrêts ; cette prétendue réforme a coûté quelques millions, et la procédure est restée aussi difficile, aussi ruineuse qu'auparavant.

On aurait dû, ce semble, diminuer les frais de justice, les formalités aussi onéreuses qu'inutiles, auxquelles il faut recourir pour la validité de toutes les procédures et notamment :

Pour les licitations et partages entre majeurs et mineurs ;

Pour les arpentages et bornages ;

Pour les saisies-arrêts ;

Pour les expropriations d'immeubles ;

Dans les partages entre majeurs et mineurs, on a vu les tribunaux rendre jusqu'à huit jugements, et les frais absorber bien au-delà la valeur de l'héritage. Nos lois ruinent les mineurs, sous prétexte de les protéger.

Dans les villes, pour les questions de partage, les intéressés s'arrangent encore facilement à l'amiable ; on fait peu d'arpentages, mais dans les campagnes !...

Les frais de vente d'immeubles sont absolument odieux et ridicules.

« Voulez-vous avoir une idée des charges qui pèsent sur la propriété rurale ? » Méditez avec soin ce petit calcul des frais pour la vente d'une bicoque de 206 francs. La chose s'est passée dans un département du sud-ouest :

> Timbre-minute. 0 60
> Timbre de l'expédition..... 1 80
> Enregistrement............ 13 75

Ajoutez à cela :

Copie entière de l'expédition au bureau des hypothèques, sur un gros registre composé de feuilles de timbre à 0 fr. 75 : 7 fr. 80.

Plus : certificat de M. le conservateur, comme quoi il n'existe pas d'inscription : 2 fr. 60.

Honoraires du notaire pour la minute : 8 francs.

Honoraires dudit pour l'expédition : deux rôles à 1 fr. 50, ci : 3 fr. encore.

Envoi et retour des pièces aux hypothèques : 0 fr. 50. Total : 33 fr. 05.

Ce n'est pas tout : il y a la quittance du prix, qui est indispensable pour arriver à faire rayer l'inscription d'office prise lors de la transcription du contrat, en vertu de l'article 2108 du Code civil. Cette quittance coûte 11 fr. 65 (1).

Soit, en tout, vente et quittance : **44 fr. 70**

Tout commentaire est inutile. Les chiffres sont assez éloquents. On voit que le fisc mange une propriété de 200 francs en quatre mutations.

---

(1) Voici le détail de ces 11 fr. 65 :

Timbre-minute......................	0 60
Enregistrement	1 45
Timbre-expédition	1 80
Radiation de l'inscription......	1 60
Honoraires......................	3 »
Deux rôles d'expédition........	3 »
Port et retour des pièces.......	0 50
Total............	11 fr. 65

En Amérique, quand un homme, travailleur sérieux, fait de mauvaises affaires, ses créanciers sont les premiers à venir à son secours; ils lui règlent son compte au mieux de ses intérêts et lui fournissent même les avances nécessaires pour qu'il puisse se relever.

Ces procédés sont entrés dans les mœurs.

En France, le malheureux qui commence à péricliter est vite perdu.

Prenons le cultivateur : c'est assurément la profession qui se ruine le plus lentement; la valeur foncière n'est pas susceptible de fondre entre les mains aussi vite que les valeurs mobilières.

Que ce laboureur emprunte sur hypothèque (il n'a guère d'autre moyen), il est obligé d'abord de payer les droits d'inscription, car le prêteur ne veut pas les prendre à sa charge, bien entendu, soit 1 0/0 outre le droit d'enregistrement et le salaire du conservateur et du notaire.

S'il faut, plus tard, renouveler l'obligation, les mêmes frais seront encore à payer.

Est-ce que ce n'est pas absolument inique?

Comment ! voilà un malheureux qu'une impitoyable nécessité force à mendier des écus de cent sous, et la loi commence par lui en extorquer une bonne part !

Interdisez-lui, si vous voulez, le droit d'emprunter, du moins jusqu'à une certaine limite, mais ne le dépouillez pas de cet argent avant même qu'il l'ait touché !

*
* *

Mais, dira-t-on, cette législation existe depuis des siècles ; elle nous a été transmise par les Grecs et les Romains.

Raison de plus pour s'en défaire au plus vite. Allez voir si elle existe aux États-Unis. Pour s'en défaire, il nous faudrait d'autres législateurs ; nos politiciens juristes de bas étage ne voient pas le droit ailleurs que dans un texte de loi quelque suranné, quelque absurde soit-il ; ils ergottent là-dessus à n'en plus finir.

Remplaçons-les donc par des hommes rompus aux affaires, ayant au cœur le sentiment de la justice et de la charité chrétiennes.

Les traités de commerce

Malheureusement, depuis que la France roule de révolutions en révolutions, nos hommes d'État sont moins préoccupés du côté matériel des choses que du côté politique. Ils sont souvent d'une incapacité notoire.

Entre leurs mains, un traité de commerce à conclure avec une nation étrangère est un moyen de gagner les bonnes grâces de cette nation ; on lui fera, dans ce but, des sacrifices ruineux pour notre travail national. Nos ministres et négociateurs cherchent trop à consolider leur situation personnelle, ou du moins la fortune du parti qui les a portés au pouvoir, et, pour cela, l'appui moral de l'étranger leur paraît une excellente affaire ; tant pis si la France fait les frais de ce commerce honteux et coupable ! Du reste, les électeurs n'y regardent pas de si près.

Voulez-vous savoir comment nos intérêts sont sacrifiés dans les traités de commerce ? Voici ce qui se passe pour l'un des articles les plus importants, les vins.

La *Société des Agriculteurs de France* vient de publier, dans son bulletin, la nomenclature des tarifs douaniers qui frappent les vins de France entrant à l'étranger :

Allemagne, 30 fr. les 100 kilos.

Angleterre, 27 fr. 50 l'hectolitre.

Autriche, 50 fr. les 100 kilos.

Belgique, 23 fr. l'hectolitre (droits d'accise).

Brésil, 48 0/0 *ad valorem*.

République Argentine, 0 fr. 35 le litre pour vin ordinaire en fût, et 1 fr. 26 le litre pour vin fin en litre ou bouteille.

Etats-Unis, 68 fr. 43 l'hectolitre.

Grèce, 70 fr. les 100 kilos.

– Mexique, 109 fr. les 100 kilog.

Norvège, 16 fr l'hectolitre.

Pays-bas, 42 fr. 40 l'hectolitre.

Pérou, 70 0/0 de la valeur.

Russie, 85 fr. 47 les 100 kilog.

Uruguay, 37 0/0 de la valeur, plus 4 0/0 de droit additionnel.

Italie, 20 fr. les 100 kilog.

A ces tarifs, véritablement prohibitifs pour nos vins, nous n'opposons aux vins étrangers, en France, que les droits ci-après : 4 fr. 50 en tarif général et 2 fr. 50 en tarif conventionnel *par hectolitre*. Toutefois, depuis la rupture du traité avec l'Italie, nous usons de reciprocité avec cette nation. Pourquoi ne demandons-nous pas la même réciprocite avec tous les autres pays ?

Ne dirait-on pas que les negociateurs des traités de commerce ont vendu, à prix d'argent, les agriculteurs français à leurs adversaires.

Les douanes

Il n'y a pas, dans le monde entier, un peuple qui, non content d'avoir 1 300 millions d'intérêts annuels à payer, c'est-à-dire une fois et un tiers le budget tout entier de la Restauration, oserait encore augmenter sa dette tous les ans, et joindre plus d'un milliard de perte dans son commerce extérieur aux 4 ou 5 milliards qu'il dépense par an. Avec des charges incomparablement moindres, tous les autres États ont fait supporter une partie du fardeau aux étrangers au moyen des droits de douane.

L'Amérique demande à cette ressource les 2/3 de son budget ; l'Angleterre, le 1/4 du sien, si libre-échangiste qu'elle prétende être. L'Allemagne a doublé ses droits de douane depuis cinq ans. Le budget belge, calqué sur le budget anglais, maintient les mêmes proportions. L'Italie fait mieux ; elle grève, à la sortie, de 50 0/0 les produits que ses voisins ont eu la sottise de se rendre nécessaires. La Russie a haussé d'un seul coup, de 10 0/0 payables en or, ses droits de douane.

En Angleterre, on achète les produits étrangers lorsque les produits nationaux sont épuisés.

Les États-Unis paient leurs dettes au moyen des droits de douane. Leur budget se balance ainsi :

Recettes....... 400 millions de dollars.
Dépenses...... 250 millions de dollars.
Excédant des recettes 150 millions de dollars.

Les caisses de cet État regorgent d'or, à tel point qu'on ne sait positivement comment le dépenser.

Sur l'ensemble des recettes, les douanes produisent 200 millions de dollars, soit onze cent millions de francs.

Et nous, nous avons peur de faire payer l'entrée aux marchandises étrangères !

Nous permettons aux Allemands d'empoisonner Paris de leur viande pourrie, on ne prend même pas la peine d'examiner ces viandes à la frontière !

Et ces marchandises étrangères, grâce aux tarifs dits de pénétration, sont transportées sur nos chemins de fer, à moindre prix que les nôtres !

Et l'administration militaire achète presque toutes ses fournitures à l'étranger, par l'intermédiaire de gros marchands cosmopolites plus ou moins juifs !

Les revendications de l'agriculture.

Consultons les procès-verbaux des séances de la Société des Agriculteurs de France tenus pendant le mois de juin 1889.

Assurément, il est impossible de trouver une assemblée composée d'hommes plus compétents.

Tous les vœux qu'ils ont émis, ont été l'objet de discussions approfondies et, par conséquent, ces vœux peuvent être considérés comme formant le programme des revendications de l'agriculture.

*
* *

Prompte exécution des canaux du Rhône, qui ont été déclarés d'utilité publique.

Adjonction des plus imposés pour le vote du budget des communes ; les femmes mariées, les mineurs et les incapables pourront se faire représenter par mandataires.

Pour obvier au morcellement de la propriété, laisser au père de famille la liberté de choisir son continuateur et de lotir à son gré.

Le partage de l'héritage ne pourra être sujet à rescision que pendant deux années à partir du décès du père, et, s'il s'agit d'un partage testamentaire, la faculté d'annulation sera réduite à cinq années · l'évaluation des biens aura lieu, non au jour du décès, mais au jour du partage.

Dans la question des fournitures de l'État, adoption du système de la régie directe ; — toutes les administrations, tant civiles que militaires, admettront exclusivement des produits français. N'est-il pas ridicule et odieux, de voir nos grandes administrations s'approvisionner presque exclusivement à l'étranger, pour le plus grand avantage de nos ennemis et des gros marchands juifs, tandis que le travail national est dans la detresse?

Application rigoureuse des lois punissant le vagabondage.

Réorganisation de l'assistance publique dans les campagnes.

Faculté aux propriétaires intéressés aux travaux d'irrigation, de drainage et de remembrement général, de se réunir en syndicats autorisés.

Établissement d'un tarif général des douanes accepté par l'agriculture et toutes les autres industries qui assurerait à toutes les branches du travail national une légitime satisfaction.

Maintien du privilège des bouilleurs de cru qui n'est pas à proprement parler un privilège, mais un droit inhérent à la propriété.

Fixation des patentes des fours à chaux pour l'engrais agricole dans la proportion de leurs journées de travail, soit environ la moitié de l'année.

Création par les syndicats agricoles affiliés à la Société et à l'Union des syndicats agriculteurs de France, des caisses de secours mutuels contre l'incendie, les accidents, la grêle et la mortalité des bestiaux. — Étudier l'organisation d'une caisse centrale de réserve ou de réassurance, destinée à prémunir les caisses syndicales contre les inconvénients résultant de la répartition des risques sur une partie insuffisante du territoire.

— Suppression des traites de commerce. —

Réforme des tarifs de chemin de fer, suppression des tarifs de pénétration, qui permettent aux marchandises étrangères de voyager à meilleur compte en France que les produits français.

Suppression du principal de l'impôt foncier (le principal, 118 millions 1/2 va à l'État); les centimes additionnels, 137 millions, sont affectés aux départements et aux communes.

Étudier avec les nations du centre de l'Europe un projet d'union douanière agricole, restreinte aux principaux produits du sol.

Refonte de la loi sur les accidents.

Création et développement par les pouvoirs publics des caisses de prévoyance pour les ouvriers agricoles.

Révision du Code forestier, de façon à assurer aux bois particuliers une protection plus efficace.

Que le principe d'égalité entre les meubles et les immeubles, posé par la loi du 15 mai 1850, pour les transmissions à titre gratuit, entre vifs, et celles qui s'effectuent par décès, soit étendu aux transmissions à titre onéreux.

Que le taux de capitalisation du revenu des

immeubles ruraux soit ramené à celui qui a été conservé pour la propriété bâtie.

Que la déduction du passif soit admise dans la liquidation des droits dé succession.

Que le gouvernement français prenne toutes les mesures nécessaires, pour mettre un terme aux difficultés qui s'opposent à nos importations de bétail en Angleterre.

Institution d'un conseil supérieur de l'agriculture élu, soit par les sociétés, comices, syndicats agricoles, soit par tous les agriculteurs de profession.

Que la part faite à l'enseignement agricole et horticole dans les écoles soit plus grande et surtout plus pratique. L'assemblée exprime son intérêt pour l'école des hautes études agricoles, fondée à l'Institut catholique de Lille.

Le simple énoncé de ces vœux ne montre-t-il pas combien il est indispensable que nous ayons au Parlement des représentants instruits, sérieux, dévoués à nos intérêts, rompus aux affaires?

Que sont les députés de la majorité?

Des politiciens ignorants et sectaires.

Cela ne suffit pas

Oui, il est urgent de réformer notre système économique.

Le monde a changé.

Par suite de l'incurie de nos gouvernants, par suite de notre insouciance personnelle, la fortune de la France s'est évanouie.

Notre travail ne profite qu'aux étrangers ; l'Allemagne, jadis notre tributaire, nous inonde de ses produits et vit à nos dépens.

L'Amérique grandit, grandit toujours ; les États-Unis nous ont déjà fermé leurs portes ; les autres nations du Nouveau-Monde vont faire cause commune avec les États-Unis ; ce sera un coup terrible, contre la France surtout.

Et la diplomatie de notre gouvernement révolutionnaire ne fait rien, ne peut rien.

Nous sommes isolés, perdus au milieu du monde, en face d'une foule de peuples coalisés pour notre ruine.

Pourquoi cela ?

Parce que la France n'a point de gouvernement. Peut-on appeler gouvernement ces révolutionnaires qui ont envahi les places et qui maintenant se dévorent entre eux ?

Quel spectacle donnons-nous aux étrangers ?

Quelle confiance voulez-vous qu'ils aient en nous ?

Comment ne se prépareraient-ils pas à partager nos dépouilles ?

Ces dépouilles ! mais nos maîtres juifs et francs-maçons les leur livreront de grand cœur pour quelques millions.

Qu'importe à ces cosmopolites, pourvu qu'ils vivent grassement.

D'autres réformes

Supposez que tous les vœux des agriculteurs français soient réalisés, ce que nous souhaitons de tout cœur, cela suffirait-il pour ramener la prospérité et le bonheur dans nos populations françaises?

Non; il faut encore autre chose.

On aura beau dire et beau faire, les lois humaines les mieux combinées sont incapables d'assurer le bonheur de l'homme.

Qu'importe à cet homme les lois de protection, s'il ne sait pas mettre un frein à ses passions, si on lui présente, en outre, à chaque instant, des occasions de les assouvir, cabarets, fêtes baladoires et le reste

Toutes les économies y passent avec la santé, et c'est fatalement la misère pour lui et pour ses enfants.

Aussi, des esprits sérieux et réellement soucieux des vrais intérêts du peuple, songent-ils à introduire dans notre législation le *homestead* américain.

Le *homestead*, ou fixité du foyer, garantit l'inaliénabilité de la partie de la propriété nécessaire à l'entretien d'une famille. A une certaine limite, un ou deux hectares par exemple, les créanciers n'ont aucune prise sur le bien du modeste laboureur; ils le savent; celui-ci est ainsi assuré contre ses propres imprudences, et le travailleur a toujours un foyer pour s'abriter, un champ pour récolter son pain, avantage immense qu'ont perdu nos prolétaires européens, livrés sans défense à l'exploitation indéfinie des habiles et des filous de la juiverie.

Cultivateurs et ouvriers

— Ce qui me vexe, c'est d'entendre dire que les cultivateurs n'aiment pas les ouvriers des villes.

Oui, nous regrettons de voir les ouvriers déserter la campagne. Nous y perdons, et ils n'y gagnent pas. Nous prétendons même qu'ils se trompent, s'ils croient pouvoir diminuer leur misère, en faisant du tapage à tort et à travers.

Pour diminuer sa misère, il faut du travail et de l'economie. Tant que le monde a été monde, on a travaillé. Il n'y a pas d'autre moyen de gagner sa vie.

Mais si l'ouvrier ne trouve pas de travail? — Alors il doit faire son possible pour en trouver, mais qu'il se garde bien de crier : Révolution! 93! Commune! Croit-il, par ce vacarme, attirer la confiance ; avec la confiance, l'argent ; avec l'argent, les commandes des pays étrangers ; et avec les commandes, le travail ; et avec un travail suivi, le salaire rémunérateur ?

Le tapage et la grève sont toujours cause de l'arrêt des affaires.

Il n'est pas impossible d'établir l'accord entre le capital et le travail, entre l'ouvrier et le patron ; et c'est absolument nécessaire, car toute maison divisée contre elle-même périra : il y a longtemps que cette vérité est vérité.

Que les patrons soient bons, qu'ils aiment leurs ouvriers, qu'ils surveillent eux-mêmes leur travail. Certes, il y en a beaucoup qui agissent ainsi.

Que les ouvriers soient tous honnêtes, laborieux, dévoués. Il y en a beaucoup qui le sont, c'est le très grand nombre, pourquoi ne mettent-ils pas toujours à la raison les fainéants et les tapageurs ?

Il faudrait que les chefs des grandes usines procurassent à tous leurs ouvriers une nourriture saine et un logement convenable ; ceux-ci iraient peut-être moins au cabaret, perdre la santé et souvent la raison.

Les cultivateurs seraient si heureux de voir les ouvriers contents et tranquilles ? Les ouvriers sont les cultivateurs de l'industrie et des arts, et nous, nous sommes les travailleurs de la terre, la prospérité des uns fait le bonheur des autres. Quand les uns achètent, les autres travaillent et vendent.

Ce qu'il faudrait surtout, ce serait d'encager tous les fauteurs de désordre, les politiciens de la Sociale, les exploiteurs de l'ignorance et de la souffrance. Eh quoi ! Ils n'ont pas honte d'enlever à de pauvres hommes leur seul gagne-pain, l'amour du travail ; leur seule consolation, la conscience du devoir accompli ; leur seul bonheur, la tranquillité du foyer !

Pensez-vous que la religion ne soit pas nécessaire aux ouvriers ? Elle leur enseigne la résignation dans cette vie, et le bonheur dans l'éternité ; et puis, elle dit que le bon Dieu a souffert et qu'il a été ouvrier.

Le travailleur sans Dieu

Le voici à son métier, à sa charrue, dans l'usine, quel est son horizon ?

Qu'a-t-il d'assuré ?

Que peut-il espérer ?

En fait ; regardez autour de vous ; la foule des prolétaires devient innombrable, sans rien au monde que les forces de leur corps ; ces forces qui ne peuvent entrer en concurrence avec les machines.

Arrive une maladie ou un chômage, ces malheurs là arrivent toujours, que fera-t-il ? que deviendra-t-il ?

L'hôpital pour lui, la faim pour ses enfants!

Ils sont plusieurs millions en France qui n'ont pas d'autre fin possible.

Prenez le laboureur ; combien en voyez-vous, et des laborieux, qui ne sont que de pauvres galériens, luttant péniblement contre les dettes. L'horrible chose que ces dettes ! Jamais un moment tranquille, toujours les soucis, les fruits de votre travail vous glissent entre les mains et coulent chez le créancier, en vous laissant la sensation du supplice de Tantale, ou de celui des Danaïdes tâchant de remplir leur tonneau sans fond.

Eh bien ! ne voyez-vous pas le nombre des endettés augmenter sans cesse ?

Prenons, si vous le voulez, l'homme au niveau de ses affaires.

Il parvient à vivre, grassement peut-être ; il a de quoi nourrir et vêtir sa famille, de quoi passer au cabaret, et le reste. Est-ce là l'homme heureux ?

Allons donc !

Quoi ! pour être heureux, il suffit de manger, boire, dormir et s'amuser. On vit avec sa femme et ses enfants vaille que vaille.

Une sympathie toute superficielle ou point

du tout ; tout au plus un amour charnel, animal. Est-ce là l'homme heureux ?

Il arrivera au terme de ses jours, presque toujours méprisé, rebuté par ceux qui le poussent. Admettons que les siens lui conservent jusqu'au dernier moment un reste de respect et d'affection. Le voici à 80, à 100 ans au terme de sa course, tout est donc fini ! C'est donc ça la vie !

Quel vide !

Et après ?...

Vraiment, messieurs les sans-Dieu, vous n'avez pas autre chose à offrir à l'homme ?

Le travailleur catholique

Couler des jours tranquilles entre un père et une mère qui vous adorent, voir peu à peu s'ouvrir l'horizon de la vie, garder au front l'innocence et la candeur, développer dans son âme les sentiments d'affection et de respect ; penser à Dieu avec amour et tranquillité, ne serait-ce que par moments, espérer, espérer toujours. Puiser dans l'exemple de son père et de sa mère l'exemple du devoir et du travail ; arriver ainsi au jour heureux de sa première Communion.

Qu'il est beau et bon cet enfant ! Dans le cœur rien que des pensées suaves et divines ; il reçoit son Dieu, la bonté, l'amour infini, il s'entretient familièrement avec lui, en ami, en frère. Chacun l'admire et envie son bonheur.

Plus tard, les revers viendront sans doute, revers de toutes sortes, mais le courage et l'espérance restent toujours. Le labeur quotidien rompt le corps et nourrit l'âme.

Elle grandit cette âme au spectacle des œuvres de Dieu; tout lui est sujet d'enseignement et d'admiration; le brin d'herbe, l'oiseau des champs, l'humble insecte, les cimes abruptes des montagnes, l'immensité des mers.

Oui, messieurs de la libre pensée, le simple ouvrier, le simple laboureur a le droit de connaître et d'admirer les secrets de la nature.

Oui, il veut connaître cette terre qui le nourrit.

Oui, je veux contempler tous les êtres qui l'habitent, depuis l'imperceptible infusoire découvert à grand'peine par vos microscopes perfectionnés, jusqu'aux monstres de l'océan.

Oui, je veux connaître les secrets enfouis au sein de notre globe, secrets que la science humaine essaie en vain de deviner.

J'irai plus haut.

Je planerai au milieu des astres qui peuplent l'espace infini; avec la permission de Dieu, je les compterai, je les pèserai, je me bercerai sur l'éther lumineux. Loin, loin, plus loin encore; la distance ne m'effraie pas..., toujours..., le soleil essaie en vain de me poursuivre de ses rayons..., j'ai passé les étoiles visibles à vos télescopes... et je vous vois, et je vois tout, tous les êtres et leur harmonie, et mon âme s'élève, s'élève toujours. Que la création est belle ! Cependant, non ! elle ne parvient pas à occuper un séul repli de mon âme ; il me faut plus que l'univers.

Plus haut ! Plus haut !

Plus haut, c'est partout où Dieu se trouve ; partout mon âme peut le rencontrer.

Aujourd'hui, je ne puis contempler Dieu face à face, et cependant la Divinité m'envahit ; ce que je connais de ses infinies perfections, sa beauté, sa bonté telle que je peux la concevoir dans ma faiblesse, toutes ces idées m'élèvent, me remplissent d'un enthousiasme si doux.

Oh ! qui exprimera le bonheur de vivre avec Dieu, en Dieu ? Le voici enfin, après quelques années d'attente sur la terre. Il se découvre à l'âme qui se plonge dans son sein comme l'enfant dans le sein de sa mère, comme l'esclave dans la liberté, comme l'oiseau dans la lumière, comme l'intelligence et l'amour dans leur élément. Je vois, je saisis Dieu, l'Infini, le Tout-Puissant, le Créateur, le Sauveur, la Bonté même ; mon âme est ravie, toutes ses facultés sont abreuvées de lumière et d'amour, d'un bonheur toujours nouveau, à chaque instant parfait et plus parfait, et toujours, toujours parfait et plus parfait.

Quelle distance des créatures au Créateur !

Quelles sont belles cependant depuis la Vierge-Mère, toute pure, notre Mère qui nous entoure d'une tendresse si suave, depuis Marie jusqu'aux Anges et aux Saints ; tous purs, tous bons, tous aimants, tous aimables comme des reflets de la charité divine ; vivre en frère avec eux !

Oh ! mon Dieu ! voilà ce qu'un travailleur catholique peut penser dès ce bas monde et ce n'est rien, rien en comparaison de la réalité.

Travailleurs, mes amis, soyez catholiques, le bonheur est là.

Le dernier mot de la science humaine

Le 12 août, à Meudon, devant un immense auditoire de 2 000 jeunes gens, étudiants accourus de toutes les parties du monde, un professeur de l'Université de Paris, M. Lavisse, rappelait qu'autrefois toutes les nations se confondaient dans la chrétienté ; la science de Dieu servait de lien entre les âmes des hommes et des peuples. Il constatait que depuis que les sciences se sont émancipées, tout s'est séparé, divisé.

« Pour opérer la conciliation, ajoutait-il, ne

comptez pas trop sur la science ; les mathématiques, la physique et la chimie sont les aides de camp des ministres de la guerre. N'espérez pas même en la philosophie : elle enseigne que les faibles n'ont pas le droit de vivre. »

Les faibles n'ont pas le droit de vivre !

Voilà donc le dernier mot de la science humaine ! N'est-ce pas horrible ?

En effet, d'après nos savants économistes, le principe qui régit désormais les sociétés, c'est la *la lutte pour la vie*.

Or, dans toute lutte le plus faible succombe.

Voici ce pauvre qui lutte contre la faim. Qu'il meure ! Ce sera un bon débarras pour la Société. Qu'il disparaisse lui et sa race ; ou plutôt, qu'il disparaisse sans laisser de descendants qui hériteraient de sa misère, et troubleraient ainsi la quiétude des fortunés.

Ce peuple, moins nombreux, moins puissant que son voisin est trahi par le sort des armes. Il sera démembré, ruiné, détruit, c'est fatal, répond la philosophie ; *la force prime le droit,* confirme Bismarck.

Et les peuples luttent, pour la vie, à coups de canons et à coups de tarifs.

Et les particuliers luttent par une concurrence effrénée.

Et les sociétés financières luttent à coups de bourse et s'écrasent.

Au plus fort !

Les cris de triomphes des vainqueurs étouffent les cris d'angoisses des vaincus.

La justice?... Un vain mot.

La charité? Un vieux cliché.

La force, la force brutale, voilà le dogme de la science humaine.

Saluez le futur maître du monde, le plus fort des plus forts, le seul heureux, si cela peut s'appeler heureux.

Et les autres?

Il ne laissera vivre que le troupeau d'esclaves nécessaires à son service.

Cela s'est vu dans les sociétés payennes, et cela se voit encore chez les nègres de l'Afrique.

A en croire la science, cela se verrait bientôt dans notre Europe, si fière de sa civilisation.

Mais Dieu est là !

Une page d'histoire

Certes, nous sommes bien malades ; mais le monde a traversé des épreuves bien autrement terribles.

Il y a 19 siècles, quand la notion de Dieu avait presque disparu de la terre, quand tout était dieu excepté Dieu lui-même, l'humanité n'était-elle pas tout entière esclave? Il n'y avait qu'un seul maître, à Rome, et tout tremblait devant lui, et lui-même tremblait devant un caprice de la multitude.

Le vrai maître du monde, c'était le mal, le maudit, le démon. Jésus-Christ paraît; Dieu descend du ciel et se fait homme pour sauver les hommes; Il répand sur son passage la vérité et la vie; Il sème les miracles, Il sème surtout la charité, dans ces cœurs affamés de justice et d'amour.

Il enseigne la souffrance; Il enseigne le sacrifice; Il enseigne le repentir; Il enseigne l'humilité; Il enseigne le dévouement.

Il donne sa vie pour nous.

Il institue le sacrement de l'Eucharistie pour perpétuer sa présence réelle au milieu de nous.

Il veut nous servir de nourriture. Et chacun peut se nourrir de Dieu.

Nous tous, catholiques, nous avons Jésus-Christ, le Fils de Dieu, égal au Père; Il est là avec nous, en nous, quand nous le voulons.

Il est venu pour régner sur la société et la régénérer.

Par ces pauvres apôtres, il rend l'énergie et la liberté à ces malheureux débris de la société romaine, qui succombera plus tard, parce qu'elle ne voudra pas s'attacher assez à Jésus-Christ.

Les barbares envahissent tout et vont établir le chaos.

L'Église de Jésus-Christ s'empare du cœur des barbares ; et ces hommes nouveaux, brutaux, mais remplis d'une sève puissante, constitueront la société nouvelle.

Peu à peu, la main douce et énergique de l'Église formera ces caractères, disciplinera ces intelligences et ces cœurs.

Chacun sera pénétré de cette vérité primordiale, base nécessaire de la société :

Aimer Dieu par dessus toute chose et le prochain comme soi-même.

On vivait alors, et l'on mourait pour vivre éternellement. Tout n'était pas parfait, mais tout se perfectionnait.

Pourquoi le peuple a-t-il fui le joug tutélaire de Dieu et de son Église ?

Les princes voulurent être les maîtres absolus et se débarrasser de la tutelle salutaire des Souverains Pontifes.

Les peuples furent séduits par des imposteurs.

Luther vint qui sema l'orgueil et la division.

Les gouvernants restés catholiques, eux-mêmes, voulurent se passer de Dieu et de l'Église.

La Révolution renversa les princes et courut à travers la société, comme un feu dévorant.

La religion fut chassée de la société et des lois; elle n'est que tolérée.

On tolère le nommé Dieu!

Oh! je sais bien qu'il reste encore des habitudes catholiques; c'est bien pour cela que la société vit encore; elle vit de la vieille moelle du catholicisme qui lui reste, mais les vieux restes s'en vont, et la charité disparaît, et l'égoïsme grandit, et la science humaine s'écrie : « Que le faible disparaisse! »

La Vérité et la Vie

Revenons à Dieu; revenons à Jésus-Christ, revenons à l'Évangile.

Là est la Vérité et la Vie.

Puisque nous autres Français, puisque nous sommes Catholiques, est-il donc si difficile de parler et d'agir en Catholiques?

Lisez l'Évangile, apprenez le catéchisme qui en est la traduction, est-ce que vous n'y trouvez pas tout ce qui est nécessaire, pour donner à l'homme la plus grande somme de bonheur possible dès ce bas monde?

Est-ce que, si nous pratiquions sincèrement les préceptes de charité, de justice, de prudence, de douceur, de courage, d'humilité, il y aurait besoin de gendarmes pour maintenir l'ordre?

Est-ce qu'il y aurait tant d'exploiteurs, de viveurs, de faiseurs, de blagueurs, de libres-penseurs, de politiciens, de francs-maçons, de coquins de toute sorte?

Est-ce que la France serait vendue à une bande de juifs?

Est-ce que nous aurions partout cet esprit de jalousie, de convoitise, d'égoïsme, de haine?

Vous voulez la liberté, l'égalite et la fraternité; maie elle est dans l'Évangile et pas ailleurs.

Vous voulez la prospérité, la tranquillité, le bonheur; Dieu seul peut vous le donner. Il a institué l'Église catholique pour cela.

Soyez catholiques partout et toujours et, par conséquent, ayez des chefs catholiques; nommez des députés catholiques.

Quand Dieu sera le Maître véritable, réel chez nous, dans nos familles, dans la société, qu'aurons-nous à craindre?

Sa justice et sa bonté infinies ne seront-elles pas la meilleure garantie de la paix et du bonheur de la France?

Conclusion

Je finis, mes amis.

C'est à vous de conclure.

Vous voyez quel est l'état de notre chère patrie; vous voyez où en sont nos intérêts.

Nous nous sommes livrés à des exploiteurs juifs, francs-maçons, qui ont juré d'étaler leur insolente fortune sur notre ruine, à nous catholiques et Français.

Ils nous livreront bientôt sans ressources à la fureur de l'Italien et de l'Allemand.

Voilà le mal, à vous d'y apporter le remède.

Le remède, vous le connaissez, c'est Dieu, c'est la Foi catholique.

Travailleurs français, il s'agit de sauver la patrie, il s'agit de nous sauver nous-mêmes.

Le devoir est tout tracé,

POUR DIEU ET POUR LA FRANCE !

Un Petit Laboureur.

TABLE DES MATIÈRES

Impr. L. Fournier, 8, rue François Ier, Paris.

PARAIT EN MÊME TEMPS :

LA VERMINE

FRANCS-MAÇONS — RÉVOLUTIONNAIRES

LIBRES-PENSEURS — JUIFS — POLITICIENS